PLANETA ANIMAL

EL BÚHO

VALERIE BODDEN

CREATIVE EDUCATION • CREATIVE PAPERBACKS

Publicado por Creative Education
y Creative Paperbacks
P.O. Box 227, Mankato, Minnesota 56002
Creative Education y Creative Paperbacks son
marcas editoriales de The Creative Company
www.thecreativecompany.us

Diseño de The Design Lab
Producción de Angela Korte & Colin O'Dea
Dirección de arte de Rita Marshall
Impreso en los Estados Unidos de América
Traducción de TRAVOD, www.travod.com

Fotografías de Alamy (Skip Moody/Dembinsky Photo Associates, Peter Arnold, Inc., RooM the Agency), Corbis (Ron Austing/Frank Lane Picture Agency), Getty Images (Donyanedomam/iStock, Bill McMullen/Moment, James Warwick), iStockphoto (crisserbug, gary forsyth, FrankvandenBergh, iculizard, Lauzia, mzphoto11), National Geographic Creative (MICHAEL S. QUINTON), Shutterstock (Phant)

Información del Catálogo de publicaciones de la Biblioteca del Congreso is available under PCN 2020907007.
ISBN 978-1-64026-470-0 (library binding)
ISBN 978-1-68277-008-5 (pbk)

Tabla de contenido

Aves de presa 4

Diferentes tipos de búhos 8

Polluelos de búho 15

Cazar y dormir 16

Llamados nocturnos 20

Un cuento sobre búhos 22

Índice 24

Hay más de 200 tipos de búhos en el mundo.

Los búhos son **aves de presa**. Los búhos se dividen en dos familias. Los titónidos tienen cara con forma de corazón. Los estrígidos tienen diferentes formas y tamaños.

ave de presa un ave que caza y come a otros animales

Los búhos están recubiertos con plumas marrones, grises, rojas, o blancas. Tienen cabezas de gran tamaño y ojos grandes. Algunos búhos tienen grandes crestas de plumas que parecen orejas. Los búhos tienen picos con forma de gancho y también garras afiladas.

Los colores de las plumas de los búhos les ayudan a mezclarse con su entorno.

Los búhos enanos son el tipo más pequeño de búho. Miden menos de seis pulgadas (15.2 cm) de altura. Los búhos más grandes pesan lo mismo que un ser humano recién nacido. Pueden medir hasta 28 pulgadas (71.1 cm) de largo. ¡Las alas de algunos búhos se extienden más de seis pies (1.8 m) de ancho!

Las plumas especiales que los búhos tienen en sus largas alas les permiten volar de manera silenciosa.

Algunos búhos hacen sus nidos dentro de plantas del desierto llamadas cactus.

Los búhos se encuentran en todos los **continentes** excepto en la Antártida. Muchos búhos viven en bosques. Otros viven cerca de las praderas. Algunos incluso viven en desiertos secos y calurosos.

continente una de las siete grandes extensiones de tierra del planeta

La mayoría de los búhos cazan su comida cuando ya oscureció.

Los búhos comen animales pequeños y peludos, como los ratones. Algunos también comen pájaros, insectos, o peces. Los búhos tragan su comida sin masticar. Luego, escupen una bola. Está hecha de plumas, pelaje, y huesos que el búho no puede **digerir**.

digerir procesar la comida dentro del estómago

Los polluelos de búho dejan a sus padres después de cinco o seis meses.

Las hembras ponen entre 1 y 12 huevos. Los **polluelos de búho** están cubiertos con plumas suaves llamadas plumón. A medida que crecen, estas plumas se van cayendo. Al principio, los padres llevan comida al nido. Los polluelos de búho tienen que cuidarse de los pájaros más grandes que pueden comérselos. Pero los búhos que ya han crecido tienen pocos **depredadores**.

depredadores animales que matan y comen a otros animales

polluelos de búho las crías del búho

Durante el día, la mayoría de los búhos descansan en un árbol o algún otro lugar seguro.

La mayoría de los búhos cazan por la noche. A menudo los búhos se posan en una rama hasta que ven o escuchan a su **presa**. Entonces vuelan en picada y atrapan al animal con sus garras.

presa animales que otros animales matan y comen

Los búhos hacen muchos tipos de sonidos. Algunos ululan. Otros ladran, gruñen, silban, o cantan. Las lechuzas chillan. Los búhos también hacen sonidos con sus picos y al aplaudir con sus alas.

Los polluelos hacen chirridos para llamar la atención de sus padres.

Encontrar búhos en la naturaleza puede ser difícil. Pero a algunas personas les gusta buscarlos. Otros dejan cajas para que los búhos hagan sus nidos allí. Escucha con atención después de la puesta del sol. ¡Es divertido escuchar cómo estas aves nocturnas se llaman entre sí!

Algunos búhos pueden vivir por 20 años en la naturaleza.

Un cuento sobre búhos

Los nativos americanos contaban una historia sobre por qué algunos búhos tienen ojos grandes y crestas como orejas. Cuando el Creador hizo a los animales, les dejó elegir como se verían. Le dijo al búho que no lo mirara mientras hacía a los demás animales. Pero el búho de todas maneras lo miró. Como el búho no hizo caso, el Creador estiró las plumas de las orejas del búho. Los ojos del búho se agrandaron por el miedo. Ahora muchos búhos tienen ojos grandes y crestas como orejas.

Índice

alas 8, 19
caza 16
comida 12, 15, 16
garras 7, 16
nidos 15, 20
ojos 7, 22
picos 7, 19
plumas 7, 15, 22
polluelos de búho 15
sonidos 19, 20
tamaños 4, 8
tipos 4, 8, 19